Espresso Cappuccino y Co

Espressum

Editor y autor: Markus J.M. Bihler
Redacción: Barbara Ehniß
Fotografía: Otto Kasper Studios
Diseño gráfico: Horst Schroff
Representaciones gráficas p. 20-23: Atelier Urban
Prepress: CIRCUS imaging ARTists
Impresión: Graphische Betriebe Eberl
Editorial: CIRCUS imaging ARTists

Printed in Germany

Espresso, los italianos utilizan esta palabra para describir el arte de preparar el café, tiene el significado de "rápido", "dinámico" esto hace referencia en particular a la preinfusión, que sólo debe durar unos pocos segundos. Pero en ningún caso debemos confundir "rápido" con agitación o estrés.
Una tacita de la negra exquisitez es más bien una costumbre a la que nos hemos aficionado, equivalente a una pausa para descansar, para pensar, para relajarse.
Existen obras literarias maravillosas de la más elevada estética sobre nostálgicos cafés-bares italianos y cafeterías vienesas, así como obras básicas laboriosamente investigadas sobre el desarrollo técnico de la cafetera exprés o sobre el Espresso. Ambos tipos de obras brindan al aficionado al café, interesado en profundizar, una lectura agradable y al mismo tiempo agotadora. Estos libros son, por regla general, demasiado extensos para proporcionar una visión de conjunto que sea rápida pero profunda.
El objetivo de este libro es por ello diferente. Debe proporcionar al lector rápidamente y de forma precisa los conocimientos necesarios para la correcta preparación de las especialidades de Espresso, y con ello barrer con las inseguridades o informaciones erróneas que circulan con frecuencia.

No cualquier café puede llamarse Espresso, existen numerosos brebajes que se llaman así sin tener ningún derecho. Podemos partir de la base que los profesionales italianos del Espresso, los "baristi", así como los tostadores de café y los fabricantes de las máquinas italinos, son los más indicados para establecer los correspondientes estándares. Ellos están de acuerdo sobre las características de calidad para el correcto proceso de preinfusión del Espresso y sus correspondientes procedimientos, y este libro se basa en ello. Durante muchos años de experiencia profesional siempre me he enfrentado con las mismas preguntas fundamentales, que ahora deberán quedar contestadas con este libro - accesible a un amplio público.
Una taza de café ya ha sido el inicio de algunas relaciones humanas, las ha modificado considerablemente en su calidad o incluso las ha salvado. Esto seguramente ya constituye un motivo suficiente para cuidar y refinar esta cultura.

Cordialmente,
Markus J.M. Bihler

Procedencia y zonas de cultivo

Alrededor de la historia del café se entretejen numerosas leyendas, tras las que se puede esconder sin embargo un "granito" de verdad. La planta del café, con su extraordinario efecto, parece que se descubrió por vez primera en el Yemen. No obstante actualmente existe un amplio acuerdo en que fue en Etiopía donde se comenzó a cultivar la planta del café como alimento. Desde allí inició el café su camino hacia Arabia, donde se preparó por primera vez como bebida. Los árabes reconocieron su acción estimulante y el extraordinario sabor. Además del cultivo en plantaciones, realizaron los primeros intentos de tueste sobre losas de piedra.
El nombre del café también es de procedencia árabe. Se deriva de la palabra "kahwe" que significa fortaleza y energía vital.

El agrado que despierta el café se basa en su extraordinario sabor y su acción estimulante. Se conocen unas 80 clases de café, de las cuales sólo dos variedades son económicamente importantes: la "Coffea arabica" llamada abreviadamente Arábica, y la "Coffea canephora", llamada vulgarmente Robusta.
El grano del arábica, con su forma alargada y el surco central ondulado, es más sensible que el robusta y crece mejor a una temperatura media de 18 hasta 25 grados centígrados. Sus zonas de cultivo se encuentran la mayoría de las veces entre los 800 y los 1200 metros de altura sobre el nivel del mar, pudiendo llegar hasta los 2000 metros. Por ello se le llama a esta variedad frecuentemente café del altiplano. Sus principales zonas de cultivo se encuentran en los países latinoamericanos, África oriental, India y Papúa-Nueva Guinea. El contenido en cafeína del arábica es inferior al del robusta. Su sabor abarca desde el suave, pasando por el refinado, hasta el vigoroso y exótico, y cautiva por un aroma algo ácido, que a veces recuerda un poco al chocolate. Su crema adquiere un color marrón rojizo.

La planta de la variedad robusta no se descubrió hasta hace unos 100 años y se diferencia de la variedad arábica por su forma redonda con el surco recto. Resiste temperaturas medias de 26 grados centígrados, lo cual hace posible su cultivo en alturas entre los 300 y los 800 metros sobre el nivel del mar. Se cultiva principalmente en África occidental, Uganda, Indonesia, Vietnam, Brasil e India. Tiene un sabor pleno y fuerte, algo más amargo y menos aromático que el del arábica. Su contenido en cafeína es más elevado. Su crema tiene un color áspero, más bien marrón grisáceo.

Este es el aspecto de un buen Espres

Los sencillos secretos de su preparación

Pequeño, fuerte, caliente y con sabor fascinante.Encima, sobre la jaspeada crema de color marrón dorado, un poco de azúcar que tarda unos segundos en hundirse - este es el buen aspecto que ofrece el Espresso. Se le considera el símbolo del sentido vital italiano: vivo, estimulante y temperamental.
Endulza nuestra rutina diaria, estimula el espíritu y algunas ideas sólo nacen con una taza de Espresso, en una pausa de la agitación diaria.
A los auténticos degustadores les encanta este pequeño intermedio placentero.
¿Qué es lo que convierte a este oscuro fascinador de los sentidos en un verdadero Espresso?
Muchos creen que tras este tema se oculta toda una ciencia - pero es mucho menos complicada de lo que se podría pensar. Sólo se requieren unos pocos conocimientos básicos y condiciones previas, para poder lograr también en casa el perfecto disfrute del Espresso. Naturalmente, el disfrute es, como muchas otras cosas en la vida, algo subjetivo, pero no obstante hay dos aspectos que tienen una importancia decisiva: la elección del café y de la máquina correspondiente. Porque, para los amantes del café, el verdadero Espresso debe cumplir determinadas exigencias. Un aroma pleno, agradable, y una consistencia ligeramente oleosa hacen latir con más fuerza el corazón de los expertos.
Pero la marca y característica identificadora de un buen Espresso es sobre todo la crema, ese capuchón de espuma marrón, denso y uniforme, que cubre el Espresso. La perfecta consistencia de la crema queda demostrada cuando es capaz de soportar durante algún tiempo el azúcar que se ha esparcido sobre ella. El azúcar sólo se debe hundir en la bebida cuando se hace más pesado, al humedecerse totalmente con el líquido.
Si la espuma es demasiado clara y se rompe rápidamente, es que no se han logrado extraer suficientemente los diferentes componentes.
Si la crema es demasiado oscura y tiene una

so

mancha clara en el centro, es que el café se ha escaldado demasiado caliente y simplemente se ha "quemado", "bruciato" como dicen los italianos. Para lograr la calidad, tienen una importancia decisiva la mezcla de granos, su elaboración y el procedimiento de preinfusión. Por eso explica este libro el mundo de las especialidades del Espresso, los tipos de aparatos y las formas de preparación.

Cappuccino:

El arte de espumar la leche

Muchos sólo toman su bebida preferida, el Cappuccino, en la cafetería o el restaurante.
Ello es debido a que se asustan ante la aparente complicación de la preparación, o porque hasta la fecha han manejado los aparatos inadecuados.
La producción de la sabrosa espuma de leche aparenta ser un misterio parecido al de la crema marrón dorada sobre el Espresso.
El sabor del Cappuccino depende también de la correcta proporción de leche y Espresso. Todo esto puede sonar algo confuso, pero es de lo más sencillo.
El Cappuccino, que en su forma clásica nunca contiene nata, se compone de tres partes iguales de Espresso, leche calentada con vapor y espuma de leche. La espuma de leche corona la bebida, cuando forma una especie de capucha, densa y consistente.
A esta capucha le debe el Cappuccino su nombre, ya que recuerda las capuchas de los hábitos de los monjes capuchinos (en italiano "cappuccio").
La calidad de la espuma de leche se reconoce, al igual que en el Espresso, cuando el azúcar, añadido encima al gusto, se hunde lentamente a través de la corona de espuma hasta el fondo de la taza.

Un Espresso con capucha

¿En qué consiste entonces el arte de producir la espuma de leche? Lo que se necesita es una máquina Espresso que disponga de un fuerte chorro de vapor. Se pone leche U.H.T., enfriada, en una jarrita para espumar de acero inoxidable. Se debe tener en cuenta que, al producirse la espuma, su volumen aumenta considerablemente. Si el contenido en grasa de la leche es del 1,5 % o del 3 %, es algo que queda supeditado al gusto individual. No obstante, resulta más sencillo con la leche de contenido graso reducido, ya que ésta posee un mejor poder espumante.

La boquilla del tubo de vapor se mantiene dentro del recipiente, un poco por debajo del borde de la leche. Se mueve la jarrita de leche ligeramente hacia arriba y hacia abajo, justo lo suficiente para que se formen torbellinos y el aire sea dispersado en la leche. Para facilitar la preparación existen diferentes medios auxiliares que se explican detalladamente más adelante en el capítulo “Espuma en los labios”. No obstante, todos los procedimientos tienen en común que la leche nunca se tiene que calentar tanto que llegue a hervir. Su temperatura es óptima cuando el recipiente del espumado todavía se puede tocar exteriormente sin llegar a quemarse. Un pequeño truco que también es de agradecer: después de producir la espuma es aconsejable dejar reposar un momento el recipiente con la espuma, antes de verterla en la taza.

Con ello se consolida la espuma y adquiere mejor aspecto. Espolvoreando un poco de cacao sobre la capucha, ya será completo el disfrute del Cappuccino.

La mezcla decisiva

Composiciones maestras para un gusto exquisito

El café es envasado en sacos y enviado así desde sus países de origen como "café verde" así se les llama a los granos de café sin tostar. En los países de destino se realizarán el tueste y la mezcla, llamada también "blending".

Para obtener diferentes sabores y aromas, se mezclan diversas clases puras de café verde. Cada mezcla se ajusta individualmente y puede contener cafés de diferentes variedades y países de origen. Si se tiene en cuenta el elevado número de denominaciones de calidad y variedades existentes en los aproximadamente 70 países cultivadores, se puede tener una idea de la gran variedad de composiciones de café que se pueden obtener simplemente mediante la mezcla. Los tostadores, cuya actividad también incluye la mezcla, son verdaderos maestros en su especialidad. Son los responsables de un disfrute del café perfecto y de sabor constante. Su "séptimo sentido", sus amplios conocimientos y una buena porción de intuición y creatividad, le permiten crear una variedad individual y extraordinaria de cafés, cuyas proporciones de mezcla son comprensiblemente "secretos industriales". Esto también es válido para los cafés especiales destinados al Espresso. No obstante se puede decir que en Italia, patria del Espresso, estas mezclas se han producido tradicionalmente con 60 por ciento de arábica y 40 por ciento de robusta. En los últimos tiempos se observa una tendencia a las mezclas compuestas exclusivamente por arábica, dado que las preferencias tienden a un ácido más noble y fino, rico en aroma.
El gusto propio es, en último término, quien deberá decidir entre la tendencia hacia el 100 por ciento de arábica y la mezcla con participación de robusta.

Granos calientes sabor pleno

El tueste - transformación del grano de café

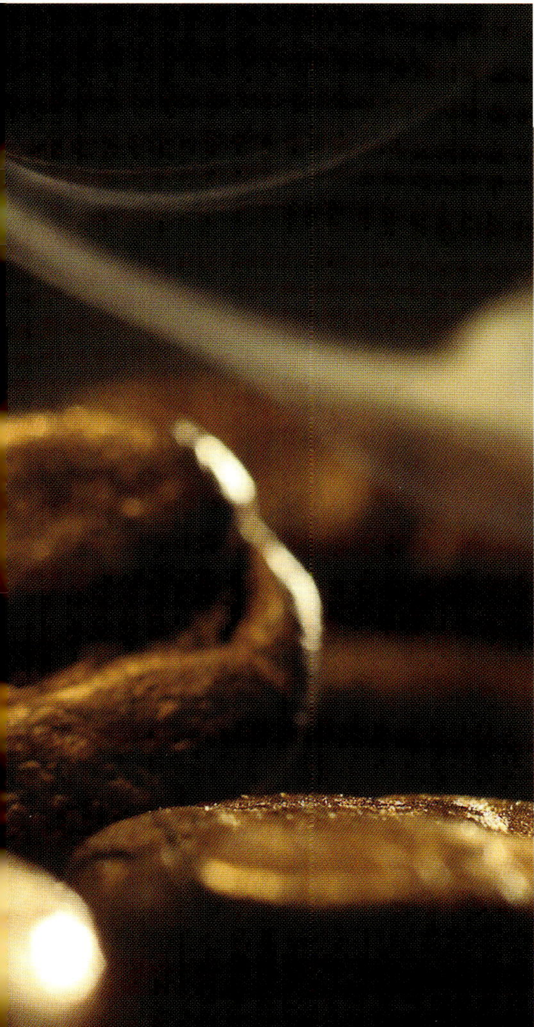

En un grano de café hay cerca de 800 sustancias aromáticas que sólo se hacen disponibles después del calentamiento del proceso de tueste y de esta manera, nos conducen a una variedad de sabores casi ilimitada.
La secuencia de las operaciones del proceso de transformación son responsabilidades del maestro tostador. Si el café se mezcla primero y seguidamente se tuesta, o si el procedimiento inverso aporta ventajas cualitativas, es un tema de discusión para elevados intelectos. Los granos de café se calientan habitualmente a temperaturas medias de 200 grados centígrados durante dos hasta diez minutos, según el tipo de procedimiento de tueste. Ambos factores juntos producen el grado de tueste de los granos, el cual determina de forma decisiva el sabor del café.
Durante el proceso de tueste los granos de café se ponen "a sudar" debido a la acción del calor.
El agua contenida en el fruto se evapora y el peso se reduce. Al mismo tiempo los granos de café aumentan hasta el doble su volumen por la acción combinada de la evaporación del agua y de los gases producidos por el tueste. Finalmente cambia el color de los granos de café, del verde pálido a los diferentes tonos de marrón.
El café para el Espresso, por ejemplo, se tuesta más intensamente que los granos de café destinados para la taza de café "normal", lo cual ya resulta reconocible por su color más oscuro.
Contiene por ello menos sustancias amargas y ácidos "enemigos del estómago", pero en cambio salen más grasas del grano, que son portadoras de los aromas. De estos llamados aceites de café depende finalmente la calidad y consistencia de la crema, el capuchón de espuma sobre el Espresso. Una vez finalizado el proceso de tueste, los aromáticos granos de café se enfrían inmediatamente con aire frío para evitar que se retuesten.

Café recién molido

La molienda: La clave del aroma

En el ritual de la preparación del Epresso, la molienda del café tiene una gran importancia. Este proceso libera los componentes del grano de café, de manera que el aroma se disuelve con el agua caliente y puede desarrollarse plenamente.El café molido pierde calidad y sabor considerablemente más deprisa que el grano entero. Teniendo esto en cuenta, se debería moler el café inmediatamente antes de utilizarlo.
Una alternativa adecuada son, por ejemplo, las bolsitas de porciones envasadas individualmente contra la perdida del aroma, en las cuales el café molido se guarda cuidadosamente conservando su sabor. En el siguiente capítulo se explican más detalladamente las ventajas de estas bolsitas, llamadas “pouches”. El grado de molienda resulta decisivo para la preparación de una bebida de café aromática y de sabor agradable. Este grado indica lo fino o grueso que se han molido los granos de café, y se debe adaptar al procedimiento de preinfusión elegido. Por lo tanto se debe tener en cuenta que para cada tipo de preparación se requiere un café molido en un grado diferente.
La molienda más fina se recomienda para el Mokka turco.
A éste le sigue el café Espresso, el cual requiere ser molido muy fino para el procedimiento de preinfusión con presión de bomba. Para las cafeteras de filtro o para la preinfusión con el filtro manual, resulta el más adecuado el grado medio de molienda. Para la preparación con la cafetera de palanca manual, el café debería estar molido grueso.
Para encontrar el correcto grado de molienda en las escalas de los molinillos de café habituales en el mercado o en los dispositivos de molienda integrados en las cafeteras, se debe saber lo siguiente: cuanto más elevado es el grado de molienda, más grueso es el café molido resultante.

Todavía más fácil: Pouches

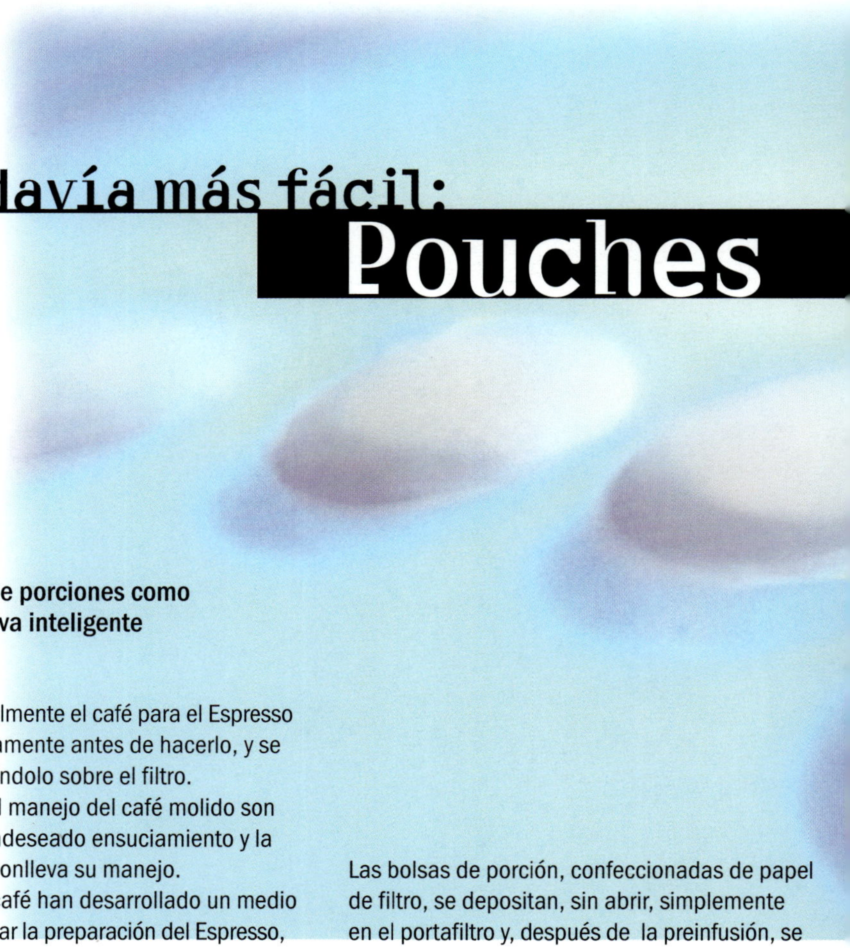

Bolsas de porciones como alternativa inteligente

Tradicionalmente el café para el Espresso se muele inmediatamente antes de hacerlo, y se compacta presionándolo sobre el filtro.
Las desventajas del manejo del café molido son evidentemente el indeseado ensuciamiento y la complicación que conlleva su manejo.
Los tostadores de café han desarrollado un medio genial para simplificar la preparación del Espresso, las llamadas "pouches". Se trata de bolsas de porciones para escaldar tazas individuales, en las cuales se ofrece el café tipo Espresso, molido de forma óptima y con el aroma protegido. Para evitar la pérdida de aroma por oxidación, inmediatamente después de la molienda se le extrae el aire a la bolsa y se sustituye por nitrógeno de calidad alimentaria. Esto permite un largo periodo de almacenamiento sin deterioro del sabor.

Las bolsas de porción, confeccionadas de papel de filtro, se depositan, sin abrir, simplemente en el portafiltro y, después de la preinfusión, se eliminan sin problemas.
Los envases de porciones se ofrecen también en cápsulas de plástico o de aluminio. Mientras que el plástico y el aluminio pueden tener ventajas técnicas en la producción y el almacenaje, desde los puntos de vista medioambientales son seguramente preferibles las bolsas de papel. Entre tanto una asociación internacional de tostadores de café llamada E.S.E. (Easy Serving Espresso) está estableciendo los estándares más elevados para ello.
Este revolucionario invento ha sabido aunar la sencillez de manejo y el exquisito disfrute del Espresso.

El clásico

La máquina de palanca manual

Los individualistas aman los orígenes, incluso en la preparación del Espresso. La máquina de palanca manual representa una de las técnicas más antiguas del Espresso, a partir de la cual se desarrolló el clásico procedimiento de preinfusión y que todavía corresponde en sus principios al estado válido de la técnica.

Evidentemente, la presión del agua no se crea con una bomba eléctrica como en la técnica moderna, sino mediante la presión de la palanca manual. La máquina de palanca manual alcanza una presión de diez hasta doce bar. Tampoco hace falta una presión mayor; incluso los “baristi” con sus grandes máquinas gastronómicas trabajan en este óptimo intervalo de presiones.
El clásico entre las máquinas de palanca manual es la “La Pavoni” que, debido a su notable diseño, ocupa un lugar en el Museum of Modern Art de Nueva York.
Lo que en cualquier caso se debe saber si se adquiere una “joya” de este tipo, es el hecho de que la preparación del Espresso con máquinas de palanca manual requiere algo de práctica y especial habilidad. Esto como observación para todos aquellos que han desterrado su máquina de palanca manual como pieza decorativa a la estantería de separación o al bar de casa.

alimentación de agua
bomba
vapor de agua
válvula del vapor
tubo de vapor
"pannarello"
agua
caldera
calentador de paso
ducha
(filtro de salida de agua de la caldera)
portafiltro
café molido
filtro

Preparado a toda presión

El procedimiento clásico de preinfusión

La preparación de un buen Espresso ya parece un ritual: la calidad y su sabor del pequeño despabilador los decide sobretodo la correcta formación de la presión, la cual es generada por la bomba e influenciada por la correcta molienda y apretado del café molido en el portafiltro.
Si el café se ha molido demasiado grueso o está demasiado poco apretado, el agua pasa a través sin formar presión.
No se logra la deseada extracción de los aromas y de otros componentes decisivos para la calidad.
Si el café se ha molido demasiado fino o está demasiado compactado, se bloquea el paso a través de él, y el café sólo sale a gotas del portafitro.
En la preinfusión clásica del Espresso se trabaja exclusivamente con generación de presión mediante una bomba. En este método de preinfusión, el agua de alimentación llega con ayuda de la bomba al calentador, en donde es calentada convirtiéndose en agua caliente y vapor. El polvo de café se introduce en el portafiltro, se aprieta y se ajusta en la el cierre de bayoneta de la máquina.
Por acción de la bomba, el agua pasa a través del café molido a una presión adecuadamente elevada y sale en forma de chorro fino que se rompe en gotas en la zona inferior, para caer en tazas precalentadas.
Si la molienda y el apretado son perfectos, el tiempo de salida dura aproximadamente de 20 a 25 segundos. La temperatura correcta para la preparación de un Espresso se encuentra entre 90 y 95 grados centígrados. El agua no debe estar en ningún caso más caliente o alcanzar el punto de ebullición, ya que de lo contrario el café se quema durante la preinfusión, lo cual se evidencia en el correspondiente sabor y el color demasiado oscuro de la crema. La decisiva presión de la bomba también debe satisfacer determinadas exigencias. En condiciones ideales, se puede obtener un resultado óptimo con una presión aproximada de diez bar.
Lo que muy pocos saben: no solo por su tueste especial, sino también por el especial procedimiento de preinfusión del Espresso, es por lo que se libera menos cafeína, ácidos y sustancias amargas no deseadas, que por ejemplo en la preparación del café filtrado, porque el café molido sólo entra en contacto con el agua durante un tiempo relativamente corto. En cuestión de salud y tolerancia, el "pequeño negrito" es por lo tanto mucho mejor que su fama.

Tiempos modernos

Cafeteras Espresso modernas

Las buenas máquinas eléctricas modernas, provistas de bomba, alcanzan los parámetros del clásico escaldado Espresso, descritos en el capítulo anterior.

A diferencia de la máquina de palanca manual, en esta máquina se utiliza una bomba eléctrica. La potencia indicada en las bombas modernas es de 14 hasta 16 bar, aunque, si la molienda y el apretado son correctos, la presión en el portafiltro sólo debe ser de unos diez bar. A esta presión se optimizan el comportamiento de flujo, el tiempo de contacto y la extracción de los componentes del café.

En las máquinas de uso doméstico con portafiltro, se utilizan tanto calderas como calderas de paso continuo para calentar el agua y producir vapor. Los calentadores son habitualmente de latón, acero inoxidable o aluminio, mientras que los calentadores de paso continuo son, por principio, de aluminio. En los calentadores se produce de forma más bien tradicional agua caliente y vapor en un recipiente. En los calentadores de paso continuo se calienta el agua o el vapor al pasar por estrechos canales. Las diferencias de calidad que se invocan en ocasiones, no resultan apreciables.

Ambos sistemas calientan el agua adecuadamente. Como es natural, para un buen café no se debe utilizar agua que haya permanecido indefinidamente en el sistema de calentamiento. Por ello, cuando se ha dejado de utilizar la máquina durante un periodo de tiempo más prolongado, accionando la bomba se puede enjuagar la máquina y al mismo tiempo calentar el portafiltro vacío.

Las máquinas de bomba eléctrica se diferencian entre sí por las cualidades que se citan a continuación, que se reflejan sobre todo en el precio. Éstas influyen principalmente sobre su aspecto valioso y el confort de manejo, y en menor medida sobre la calidad del café.

Materiales de la carcasa

Tradicionalmente las primeras máquinas de Espresso se construyeron mayoritariamente de chapa de acero esmaltado. En la moderna construcción de aparatos, el plástico va ganando cada vez más importancia. Esto se debe, por una parte, a la elevada variabilidad de forma y diseño y, por otra parte, a las buenas propiedades aislantes del material y lo económico que resulta. Por lo que respecta a las máquinas de aspecto "retro", el acero inoxidable y el cromo han subido de nuevo posiciones en la escala de preferencias de los compradores.

No obstante hay que saber que una máquina económica, construida de plástico, puede ofrecer perfectamente un mejor rendimiento y calidad de café que algunas máquinas comparables, construidas de cromo y acero, y mucho más caras. Esto también ha sido demostrado por los tests de las organizaciones de protección del consumidor.

Programación electrónica

La cantidad de agua necesaria para la preparación de un café Espresso se regula habitualmente de forma manual a través de un interruptor basculante que acciona la bomba. Algunas máquinas están equipadas con una dosificación electrónica.

Por regla general, esta dosificación se puede programar de acuerdo con las preferencias de sabor personales.

Molinillos incorporados

Algunas máquinas tienen integrado un molinillo, como característica especial de equipamiento, el cual permite moler el café inmediatamente antes de la preinfusión.

Máquinas Espresso totalmente automáticas

La última generación de máquinas Espresso reúne las ventajas esenciales el escaldado clásico Espresso en una máquina totalmente automatizada. Al presionar un botón los granos de café enteros son molidos en ese momento, taza a taza, eliminándose así el complicado manejo necesario hasta ahora.

¿Qué es un portafiltro?

Técnica tradicional con variaciones modernas

El portafiltro se necesita para fijar en la máquina el filtro lleno con el café molido. Existen diferentes tipos de portafiltros que se diferencian en su forma de funcionar. Las máquinas habituales en el mercado están equipadas con portafiltros clásicos o con los de técnicas de extracción especiales. El portafiltro clásico se compone de un alojamiento para el filtro, con una o dos salidas, y de un mango. El filtro se fija mediante cierre de bayoneta a la "doccia" (ducha en italiano), la salida del calentador de agua. Existen filtros con diferentes capacidades, para una o dos tazas, a elección. Están configurados de manera que se puede utilizar café molido o bolsitas de porciones envasadas.

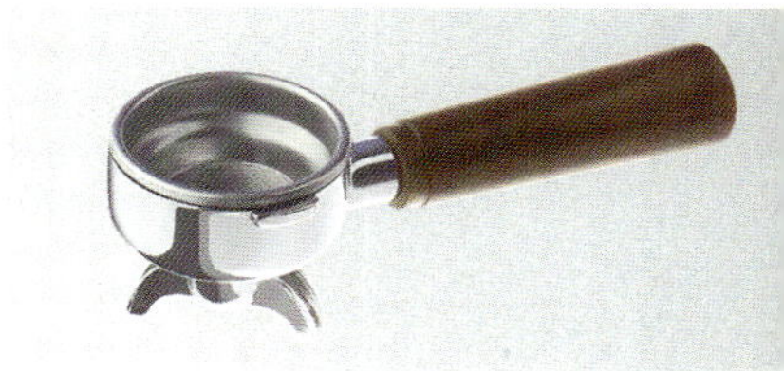

Los portafiltros con técnica de extracción especial se diferencian de los portafiltros tradicionales explicados anteriormente. A continuación se explican los dos modelos más difundidos:
El portafiltro "Gran-Crema" tiene en la salida una válvula que se puede accionar manualmente, la cual se cierra automáticamente al realizar la fijación en el cierre de bayoneta. De esta manera se alcanza la presión completa inmediatamente, en cuanto se pone en marcha la bomba, y el café molido ya se empapa y se hincha antes de comenzar el verdadero proceso de preinfusión. Aproximadamente tres o cuatro segundos después de ponerse en marcha la bomba, se abre manualmente la válvula. Con esta forma de proceder se optimiza el proceso de extracción, incluso si el café no se ha molido muy fino o no se ha apretado suficientemente, y se forma una crema fina y uniforme.
El portafiltro "Automático" dispone, por el contrario, de una válvula que se abre automáticamente al alcanzar una presión de ocho bar. Con ello se logra en principio el mismo proceso que en el portafiltro citado anteriormente, obteniéndose de forma constante buenos resultados de extracción. Insertando una pieza interior especial, también se puede utilizar el automático con pouches.

Espuma en los labios

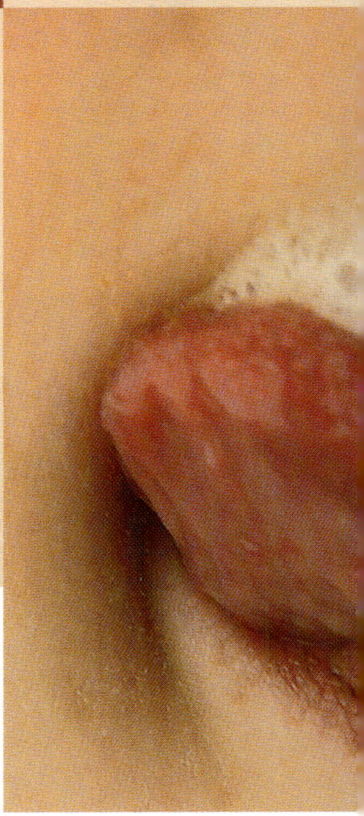

Auxiliares para obtener la espuma de leche perfecta

Para hacer la espuma de leche, además del método ya descrito con la sencilla válvula de vapor, existen algunos medios auxiliares que facilitan y simplifican considerablemente la preparación. A continuación se explican dos de esos auxiliares para espumar, que por lo general se pueden adquirir en los buenos comercios del ramo.

El **Pannarello** es un auxiliar para producir espuma de leche que se puede adaptar a los tubos de vapor de todas las máquinas Espresso habituales para el hogar. Gracias a su forma constructiva, produce intensos torbellinos en la leche y de esta manera, se logra convertir también pequeñas cantidades de leche en espuma consistente, sin tener para ello ninguna especial habilidad.

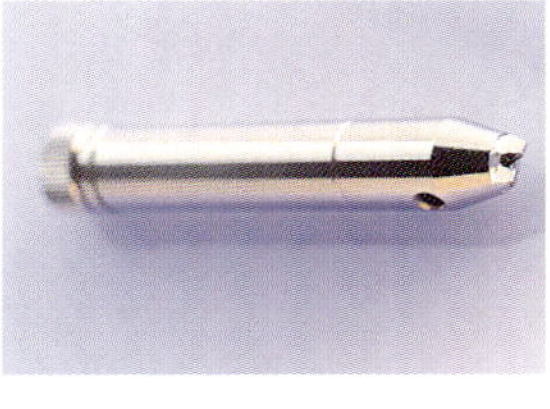

El **Cappuccinatore** se basa en el "efecto Venturi". Mediante la presión del vapor se crea un vacío en una cámara, gracias al cual es aspirada la leche fría. Entonces, en la cámara, la leche fría es calentada y agitada de forma turbulenta por el vapor, formándose de esta manera rápida y sencillamente una consistente espuma de leche.

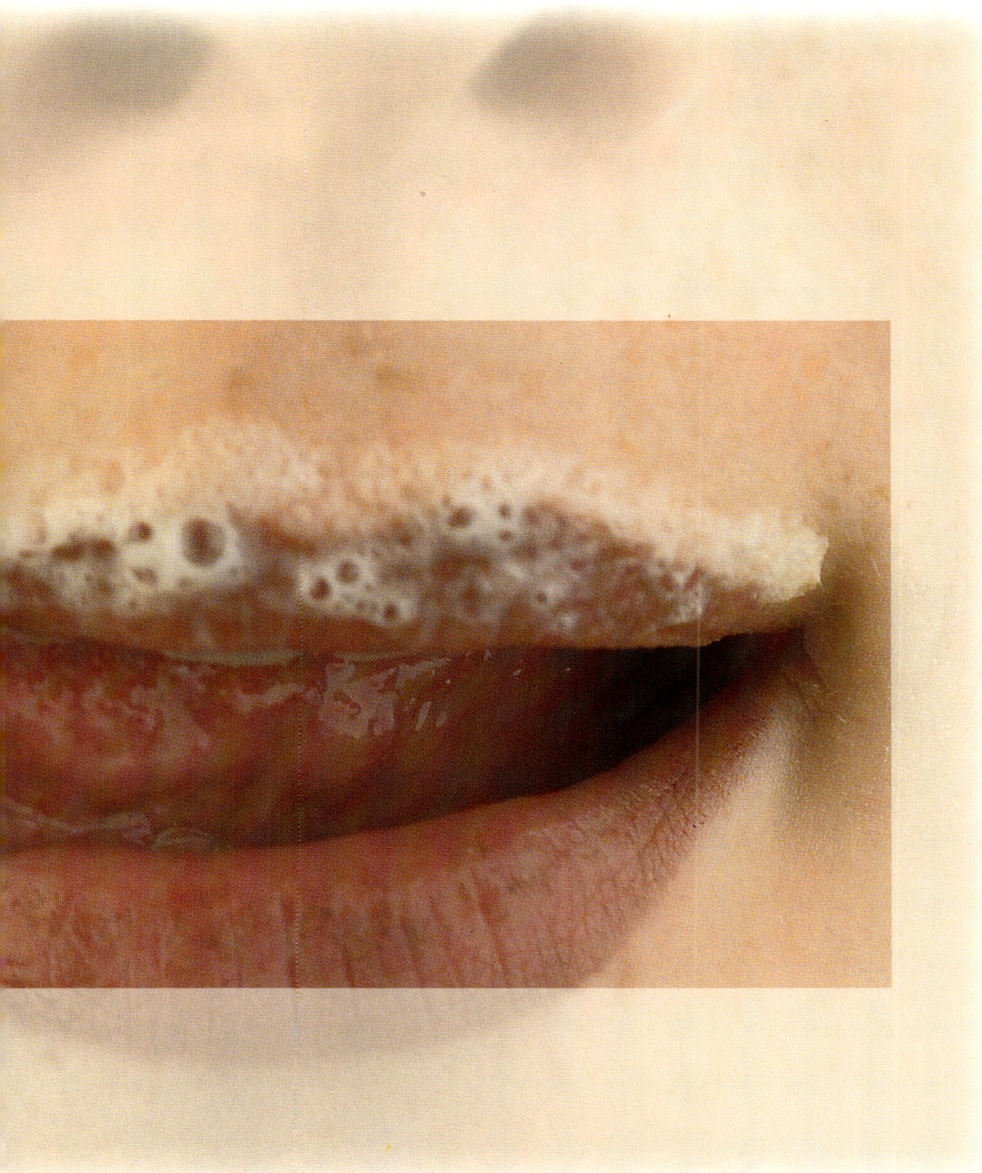

...y Co

El Espresso y sus exquisitos parientes

Ristretto - El más pequeño y más fuerte

El "menor" de la familia Espresso se prepara con la misma cantidad de café Espresso molido que el Espresso clásico, por regla general unos siete gramos. Sin embargo se reduce la cantidad de agua a 25 ml. Como consecuencia, el Ristretto es muy fuerte, con enorme sabor y aroma.

Caffè Espresso - El clásico

Para la correcta preparación del Espresso son decisivos muchos factores, que ya se han explicado. Finalmente, resultan no menos decisivas las correctas cantidades de café molido y agua. Habitualmente se utilizan aproximadamente siete gramos de café Espresso molido muy fino, para obtener una taza con un contenido de 30 ml de líquido. El azúcar se agrega al gusto sobre la crema.

Caffé Lungo - El alargado

Cuando se prepara el Espresso con algo más de agua, se obtiene el Caffé Lungo. En Austria le llaman también "alargado". Hasta cuánto se debe alargar, es cosa del gusto de cada uno.

Caffé Crème - El grande de Suiza

Ya hace años que en Suiza apenas se toma café filtrado. Aquí la taza de café "normal" también se prepara con el escaldado Espresso, utilizando mezclas especiales, tostadas algo más claras. Debido a su crema típica del Espresso, en Suiza se le llama popularmente de forma cariñosa "Schümli" (espumilla). Esta elevada calidad de café, que se ha difundido especialmente a través de la gastronomía, también establece internacionalmente nuevos estándares.

Caffé latte - La bebida del desayuno

Se pone un Espresso doble en un vaso grande o en un tazón, y se termina de llenar con leche caliente. En esta receta sólo se añade un poco o nada de espuma de leche.

Café au lait - El primo de Francia

Dado que los franceses no se lo toman de forma muy rigurosa, unas veces se prepara con un Espresso alargado, otras veces con un Espresso doble o con café filtrado, con partes iguales de leche caliente, y se sirve en el típico “bol”.

Caffè Macchiato - Fuerte con leche

Sobre el Espresso se vierte un chorrito de leche caliente con algo de espuma de leche. El nombre de "Macchiato" se debe a su aspecto manchado.

Cappuccino - Recién hecho bajo la capucha

El Cappuccino italiano clásico se prepara con Espresso, leche y espuma de leche. Sabe mejor cuando cada uno de sus tres componentes se encuentra en la mezcla en la proporción de un tercio. El auténtico Cappuccino nunca se sirve con nata, sino siempre con espuma de leche. Frecuentemente se espolvorea con cacao la capucha de espuma de leche.

El Kapuziner - El Cappuccino al estilo vienés

Se prepara un Espresso alargado y se le agrega encima un poco de leche caliente. Finalmente se cubre la bebida con una consistente capucha de nata y a veces, se adorna con raspaduras de chocolate.

Caffé Correto - Una copita en su honor

En Italia los ingeniosos amantes del Espresso han comprobado que un buen Espresso todavía se puede mejorar con un chorrito de grappa, brandy u otro licor.

El clásico Eiskaffee - Fuego y hielo

Dos bolas de helado de vainilla con algo de nata montada, en una estilizada copa alta. Encima un Caffé Lungo decorado con capucha de nata y virutas de chocolate. Se previene contra las burdas falsificaciones con café filtrado.

Glosario & accesorios

Aroma
El café recién preparado desprende un olor tan particular como indescriptible, el cual sólo es superado por el sabor en la verdadera degustación de la negra exquisitez. Ambos componentes juntos forman el aroma, que nosotros percibimos a través de nuestros sentidos del gusto y el olfato.
Los componentes volátiles del aroma del café ya los podemos percibir por el simple hecho de inhalarlos, mientras que los componentes más pesados del aroma se manifiestan cuando se prueba la bebida.

Conservación
El café molido pierde su aroma más rápidamente que los granos enteros. Los mayores adversarios del aroma son, sobre todo, el oxígeno, la humedad y los olores extraños, que el café molido absorbe inmediatamente. Para combatirlos, el café debería guardarse siempre en lugar seco y fresco.
Cuando se utilicen botes de aprovisionamiento, se recomienda guardar en el bote el café en su envase original.

Barista (plural: baristi)
Estos artistas de la preparación del Espresso desempeñan una profesión muy apreciada en Italia. En cada típico café-bar italiano encontraremos a estos expertos en la preparación del Espresso. Ellos manejan las máquinas, conocen cada una de las especialidades y siempre están dispuestos a servir a los clientes con Espressos perfectos.

Crema
El Espresso es el corazón del café, la crema su alma. Durante la preparación del Espresso, debido a la presión de la bomba, se incorpora aire en el líquido y, en combinación con los aceites del café, forma un capuchón de espuma. Esta crema sirve de capa protectora que impide que escapen las sustancias aromáticas.

Máquinas Espresso de presión de vapor
Máquinas sin bomba son llamadas frecuentemente “máquinas Espresso”, de forma inexacta. De forma inexacta porque trabajan con temperaturas demasiado elevadas y sustituyen la bomba por la presión del vapor.

Presión
Lamentablemente en la preparación del Espresso se cree con frecuencia, erróneamente, que se trata de la presión del vapor. Esta presión de vapor no se utiliza aquí más que para producir la espuma de leche. En el correcto proceso de preinfusión del Espresso, cuando se habla de presión siempre se ha de pensar en la presión de la bomba. La suposición de que se trata de presión de vapor proviene de las “máquinas (pseudo) Espresso” antes citadas, las cuales crean la presión con vapor, en lugar de con una bomba.

Cucharilla Espresso
En la perfección está el deleite completo. Las cucharillas de café normales rompen la armonía

de esta pequeña exquisitez negra. Las verdaderas cucharillas de Espresso tienen su tamaño adaptado a las relativamente pequeñas tazas de Espresso y están construidas de manera que se quedan de pie en la taza. Las habituales cucharillas de café o de Cappuccino son adecuadas para las especialidades con leche emparentadas con el Espresso, como el Cappuccino o el Caffé Latte.

Extracción
Con este concepto se entiende el proceso de disolución cualitativa y cuantitativa de las sustancias aromáticas y de acompañamiento, y su consiguiente salida del café molido. La extracción óptima resulta influida, sobre todo, por el grado de molienda, la temperatura del agua, la formación de la presión y el tiempo de contacto entre el agua y el café molido. Se hace la diferenciación entre extracción óptima, extracción excesiva y extracción insuficiente. La crema de un Espresso excesivamente extraído es de color marrón oscuro y tiene una mancha blanca o un agujero negro. Las causas están en un café molido demasiado fino o dosificado en demasiada cantidad, o en una temperatura de preinfusión demasiado elevada, o bien una presión excesiva. En comparación con ello, el Espresso

insuficientemente extraído se reconoce enseguida por su crema muy clara, sin consistencia, que tiene sus causas en un tiempo de extracción demasiado breve, debido a que el café está molido demasiado grueso.

Salud
Muchos expertos, muchas opiniones. Por una parte se sataniza frecuentemente al "pequeño negrito", mientras que por otra parte el café logra con sus sustancias activas efectos muy positivos: su acción vivificante, la estimulación de la vitalidad y la concentración, lo convierten demostrablemente en un beneficio. Además está científicamente probado que, el preinfusión clásico del Espresso, en comparación con otros procedimientos, sólo extrae aproximadamente la mitad de cafeína y sustancias nocivas no deseadas.

Cafeína y otros componentes
El café contiene unas 1000 sustancias, de las cuales 800 son sustancias aromáticas, responsables de la experiencia de su extraordinario sabor. El componente más conocido es la cafeína. Si se toma en cantidades normales, resulta totalmente innocua para la persona sana.
La cafeína actúa estimulando el sistema nervioso central, siendo así la responsable de la característica acción estimulante del café.
Además de las sustancias aromáticas y la cafeína, se deben citar los siguientes componentes importantes del café: hidratos de carbono, grasas, agua, proteínas, ácidos y minerales.

Café descafeinado
Entre tanto ya se pueden adquirir en el comercio mezclas Espresso descafeinadas, que satisfacen por completo las exigencias de sabor y calidad del excelente deleite de un Espresso. La cafeína se extrae por procedimientos especiales de elaboración del café verde, mejorándose así su tolerancia.

Glosario & accesorios

Mecanismo molturador
Los modernos molinillos eléctricos para Espresso están equipados con mecanismos de discos y conos de acero endurecido. Los molinillos de cuchillas son completamente inadecuados para el Espresso, porque no lo muelen con cuidado y lo calientan excesivamente.

Jarrita para la espuma de leche
Para espumar la leche lo mejor es utilizar una jarrita alta y estrecha, de acero inoxidable. En comparación con la porcelana o el vidrio, con este material se puede percibir mejor por fuera la temperatura con la mano, para asegurarse de que no se está calentando excesivamente la leche.

Cafetera de Mokka / cafetera de Espresso
Una tecnología antecesora del preinfusión Espresso. Aunque se obtiene una bebida aromática, ésta no satisface la exigencias de la verdadera calidad Espresso.

Cuchara medidora de porciones
Una cuchara medidora enrasada equivale a siete gramos de café molido. Esta cantidad es la medida exacta para preparar una taza de Espresso.

Prensador
Este práctico accesorio se necesita para la preparación del Espresso con máquinas provistas de portafiltro. Se coloca el café molido en el filtro y se aprieta en el portafiltro, realizando un movimiento de giro aproximado de 90 grados, de manera que su superficie quede firme y lisa.
La presión de apriete juega un importante papel en la óptima formación de la crema.

Cafetera de palanca manual
Con casi ningún otro aparato resulta tan fácil la preparación del café. Se introduce el café molido grueso (una o dos cucharas medidoras por taza) directamente en la cafetera, se vierte agua caliente sobre él y se deja reposar unos minutos.
A continuación se presiona el filtro, o el émbolo de apriete, lentamente hacia abajo y ya está terminado el café. Lo que no se puede es llamarlo Espresso.

Procedencias
De esta manera se designa la procedencia o el país de origen del café verde.

Espolvoreador
Hay espolvoreadores especiales, tanto para el azúcar como para el cacao. Frecuentemente están confeccionados de acero inoxidable y convencen por su bello diseño. Con ellos se puede coronar de cacao limpiamente y con estilo la capucha del Cappuccino y endulzar con la cantidad correcta de azúcar el Espresso.

Tazas
Las tazas tienen una particular importancia para que se pueda desarrollar plenamente el sabor del Espresso. Tanto el material como la forma, deben favorecer el disfrute en todos los sentidos. La porcelana de alta calidad acaricia los labios desde el primer sorbo. Enfría el Espresso caliente, recién preparado y lo mantiene a la temperatura correcta. Las tazas deberían ser pequeñas, de paredes relativamente gruesas y terminando en un fondo ovalado.
El asa debe estar configurada de manera que permita sostener sin esfuerzo la taza. Las tazas precalentadas son una condición previa indispensable para un Espresso bien temperado. Las tazas para las especialidades de Espresso con leche son mayores y de formas más abiertas, siguiendo por lo demás fundamentalmente los criterios de la taza de Espresso.

Azúcar
El azúcar para espolvorear es una necesidad ineludible para las especialidades Espresso. Según el gusto, puede ser azúcar blanquilla, azúcar moreno o una mezcla de azúcares, pero nunca en terrones o en grumos sólidos. Estos se disuelven con dificultad y al remover innecesariamente, se destruye la valiosa crema. Existen personas que prefieren su Espresso sin azúcar, pero en realidad se le considera como un componente indispensable en el disfrute del Espresso.